MLDE

Terje Engås & Øivind Leren

Kom Forlag

Selv den mest innbitte bypatriot må innrømme at Molde er en liten by, også i Norge. Likevel er det overraskende hvor mange ute i den store verden som har kjennskap til den vesle fjordbyen på Nordvestlandet.

Kanskje det skyldes jazzfestivalen, som har vært arrangert årlig siden 1961, med navn som Miles Davis, Oscar Peterson, Bob Dylan, Eric Clapton, Ray Charles, Van Morrison, Dexter Gordon, Dizzy Gillespie og Stan Getz på plakaten?

Eller er det muligens fotballen som må ta æren for at byen er kjent i utlandet? I snart en mannsalder har Molde Fotballklubb vært blant landets beste, og møtt lag fra hele Europa. Spillere som Harry Hestad, Åge Hareide, Kjetil Rekdal, Øyvind Leonhardsen, Petter Rudi – og ikke minst Ole Gunnar Solskjær har alle akslet den blå MFK-trøya.

Andre har nok fått kjennskap til Molde gjennom litteraturen. Bjørnstjerne Bjørnson gikk på skole i byen. Nini Roll Anker er født i Molde. Alexander Kielland var amtmann her. Henrik Ibsen bodde i Molde en hel sommer. I dag har byen Bjørnsonfestivalen, en stor litteraturfestival som hver sommer trekker til seg kjente forfattere fra hele verden.

Likevel er det vel Moldes ry som Rosenes by, med et panorama tusenvis av turister hvert år beundrer, som virkelig har gjort Molde kjent. Fjelltoppene kan skues fra Varden, og i fotoalbum i Japan, USA, Tyskland og Italia – for å nevne noen.

Even the proudest town patriot has to admit that Molde is a small town, even by Norwegian standards. Still, it is surprising how many people out in the big world have heard of the little fjord town on the northwestern coast.

Maybe it's because of the jazz festival which has been held annually since 1961, hosting names such as Miles Davis, Oscar Peterson, Bob Dylan, Eric Clapton, Ray Charles, Van Morrison, Dexter Gordon, Dizzie Gillespie, and Stan Getz.

Or perhaps football takes the credit for the city's fame and international acclaim? Molde football club has been Norway's best for almost a generation and has played teams from all over Europe. Players such as Harry Hestad, Åge Hareide, Kjetil Rekdal, Øyvind Leonhardsen, Petter Rudi, and last, but not least, Ole Gunnar Solskjær, have all worn the blue MFK shirt.

Others have discovered Molde through literature. Bjørnstjerne Bjørnson attended school in Molde. Nini Roll Anker was born in Molde. Alexander Kielland was county governor here. Henrik Ibsen lived in Molde for an entire summer. Today, the city hosts the Bjørnson festival, a large literary festival which attracts famous international authors from around the world.

But it is probably Molde's reputation as the city of roses, with a panoramic view admired by thousands of tourists every year, that has made the town famous. The mountain tops can be seen from Varden and they grace photo albums in Japan, USA, Germany, and Italy – to name just a few.

Auch der hartnäckigste Stadtpatriot wird es zugeben müssen: Molde ist ein kleines Städtchen, auch für norwegische Verhältnisse. Aber er wird gleichzeitig darauf hinweisen – und durchaus zu Recht – dass das kleine Städtchen am Fjord dort im nördlichen Westnorwegen vielen Menschen in aller Welt ein Begriff ist.

Vielleicht hat Molde dies dem Jazzfestival zu verdanken, das hier seit 1961 veranstaltet wird. Miles Davis, Oscar Petersen, Bob Dylan, Eric Clapton, Ray Charles, Van Morrison, Dexter Gordon, Dizzy Gillespie und Stan Getz – sie alle haben in Molde gespielt.

Oder hat Molde sich einen Namen mit dem Fußball gemacht?

Seit mehr als einer Generation zählt der „Molde Fotballklubb" zu den erfolgreichsten Fußballvereinen in Norwegen. Fußballspieler wie Harry Hestad, Åge Hareide, Kjetil Rekdal, Øyvind Leonhardsen, Petter Rudi und nicht zuletzt auch Ole Gunnar Solskjær haben das blaue MFK-Trikot getragen.

Vielleicht kennen Sie Molde aus der Literatur? Der norwegische Schriftsteller Bjørnstjerne Bjørnson, bekannt in Deutschland durch seine Bauerngeschichten, ging hier zur Schule, der Dramatiker Henrik Ibsen wohnte einen Sommer lang in Molde, Alexander Kielland, ein großer norwegischer Verfasser des Realismus, war hier Amtmann und die Schriftstellerin Nini Roll Anker ist hier geboren. Heute findet jeden Sommer in Molde ein großes Literaturfestival statt – das Bjørnson-Festival – das bekannte Schriftsteller aus aller Welt in das Küstenstädtchen lockt.

Molde ist jedoch nicht zuletzt die Stadt der Rosen, die Stadt mit einem atemberaubenden Panoramablick, der jedes Jahr tausende von Touristen anzieht. Der schöne Blick auf die Berggipfel kann vom Aussichtspunkt Varden aus bewundert werden und auch in vielen, vielen Fotoalben in den USA, in Japan, in Deutschland und anderen Ländern.

De snøkledde fjellene på sørsiden av Romsdalsfjorden har i over hundre år lokket turister fra inn- og utland til Molde. Selv midt på sommeren har fjellene et hvitt dryss med snø over seg.

The snowy mountains on the southern side of the Romsdalfjord have attracted both local and international tourists to Molde for more than a hundred years. The mountains are capped with snow even in the middle of summer.

Die schneebedeckten Berge an der Südseite des Romsdalsfjordes locken seit über hundert Jahren Besucher aus aller Welt nach Molde. Auch mitten im Sommer sind die Berggipfel mit Schnee bedeckt.

Tusten Skiheiser er Moldes flotte alpinanlegg, som er godt besøkt gjennom hele vintersesongen. Anlegget har unik beliggenhet i Tusten med utsikt over fjord og fjell. Til sammen 15 løypetilbud dekker alle vanskelighetsgrader.

Tusten ski center is Molde's premier alpine resort and is very popular during the winter months. The center has a unique setting, with a view of both the fjord and mountains. The 15 different courses offered there cover all degrees of difficulty.

„Tusten Skiheiser" ist Moldes beliebte Skianlage. Ihre Lage bietet nicht nur sportliche Freuden, man hat von dem Berg auch eine wunderschöne Aussicht auf die Berge und den Fjord. Die insgesamt 15 Loipen bieten alle Schwierigkeitsgrade.

I dag er Varden og Vardestua det
mest besøkte utsiktspunktet i Molde.
Herfra ser du 220 fjelltopper som
rager mot himmelen, og øyer, fjorder
og flere av bygdene i Romsdal.

Today Varden and Vardestua are the
most popular viewpoints in Molde.
From there, you can see 220 moun-
taintops towering up toward the
heavens, as well as islands, fjords,
and many villages in Romsdal.

Heute ist Varden mit der Vardestua
der meistbesuchte Aussichtspunkt in
Molde. Von hier sieht man 220
Berggipfel in die Höhe ragen, außer-
dem hat man einen schönen Blick
über Inseln, Fjorde und mehrere
Landgemeinden im Romsdal.

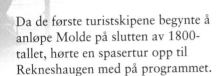

Da de første turistskipene begynte å anløpe Molde på slutten av 1800-tallet, hørte en spasertur opp til Rekneshaugen med på programmet.

When the first cruise-ship tourists came to Molde at the end of the 19th century, a walk up to Rekneshaugen was always part of their program.

Als Ende des 19. Jahrhunderts die ersten Luxusdampfer Molde anliefen, stand stets ein Spaziergang auf den Rekneshaugen auf dem Programm.

Bjørnstjerne Bjørnson var ofte gjest
hos familien Møller på Moldegård.
Den vakre patrisierbygningen fra
1710 var trolig modell for Henrik
Ibsens Rosmersholm. Ibsen var
nemlig en annen forfatter som
besøkte Moldegård.

Bjørnstjerne Bjørnson was a frequent
guest of the Møller family at Molde-
gård. This beautiful patrician build-
ing from 1710 was most likely the
model for Henrik Ibsen's "Rosmers-
holm". Ibsen was another author
who visited Moldegård.

Bjørnstjerne Bjørnson war oft zu
Gast bei der Familie Møller auf dem
Moldegård. Das schöne Patrizierhaus
aus dem Jahr 1710 stand wahrschein-
lich Modell für Henrik Ibsens
„Rosmersholm". Auch Ibsen war
Gast in diesem Haus.

På Fannestranda ved innfartsveien til Molde ligger den gamle amtmanns-gården Nøisomhed.

Hovedbygget som er fredet, er oppført i 1797 i empirestil. Den praktfulle eiendommen er pietetsfullt restaurert.

Nøisomhed, the seat of the county governor, lies at Fannestranda, by the turnoff to Molde. The main building, which was built in 1797 in the Neoclassical style, is a historical monument. This magnificent building has been carefully restored.

Am Strand „Fannestranda" an der Einfahrtsstraße nach Molde liegt ein alter Amtmannshof mit dem Namen „Nøisomhed" – „Genügsamkeit". Das Hauptgebäude, das 1797 im Empire-stil errichtet wurde, steht heute unter Denkmalschutz. Der prachtvolle Hof wurde liebevoll restauriert.

Kongebjørka ved Glomstua er et av de mest kjente symbolene på norsk motstandskamp under 2. verdens-krig. Den gamle bjørka, som kong Haakon og kronprins Olav søkte ly under mens Molde ble bombet, er nå erstattet med ei ny bjørk – plantet av kong Olav.

Kongebjørka, by Glomstua, is one of the most important symbols of Norwegian resistance during World War II. The old birch tree, which provided shelter for King Haakon and Crown Prince Olav during the bombing of Molde, has now been replaced by a new tree – planted by King Olav.

Die „Königsbirke" an der Glomstua ist eines der bekanntesten Symbole für den norwegischen Widerstand gegen die deutsche Besatzung im 2. Weltkrieg. Die alte Birke, unter der der damalige König Haakon und sein Sohn, Kronprinz Olav, Schutz such-ten als Molde bombardiert wurde, steht nicht mehr. An ihrer Stelle pflanzte König Olav eine neue Birke.

Nærmest midt i byen ligger
Romsdalsmuseet, som er tilholdssted
for en rekke aktiviteter. Én dag er
barneleikarringen i aksjon for å
underholde turister – neste dag kan
kjente internasjonale artister opptre
på utescenen.

Romsdal Museum lies almost in the
middle of town and serves as the
center for many activities. One day
children dance to folk music for
tourists, and on the next, famous
international artists perform out-
doors.

Ungefähr in der Mitte der Stadt liegt
das Romsdalsmuseum, das seinen
Besuchern ein reichhaltiges
Programm anbieten kann: Von der
Kinder-Volkstanzgruppe an einem
Tag bis zum Auftritt eines internatio-
nal bekannten Künstlers auf der
Freilichtbühne an einem anderen
Tag!

Romsdalsmuseet har samlet en rekke eldre bygninger fra hele distriktet. Disse er plassert rundt om i idylliske omgivelser. De siste årene har museet også bygd opp ei bygate med hus fra gamle Molde.

Romsdal Museum has gathered together a number of old buildings from all over the district and placed them in idyllic surroundings. Over the past few years, the museum has also put together a town street using old Molde houses.

Im Romsdalsmuseum befinden sich viele alte Häuser aus der Region, die hier in idyllischer Umgebung wieder aufgestellt wurden. In den letzten Jahren hat das Museum auch erhaltungswürdige Häuser aus Molde an einer „Stadtstraße" aufgebaut.

Ute på Hjertøya ligger Fiskerimuseet, som et lite fiskevær i Moldefjorden. Her er alt fra tranbrenneri og rorbuer til en gammel skolebygning samlet. Museet inneholder også båter, redskaper og verksteder.

The Fisheries Museum is like a small fishing town out on Hjertøya, in the Moldefjord. It features a cod liver oil distillery, fishermen's bunkhouses and an old schoolhouse. The museum also displays boats, equipment, and workshops.

Auf der Insel Hjertøya liegt das Fischereimuseum und sieht aus wie ein echtes kleines Fischerdorf am Moldefjord. Hier gibt es alles, was zur Fischerei nötig war: von der Tranbrennerei und der Fischerhütte bis zu einem alten Schulgebäude. Natürlich zeigt das Museum auch Schiffe, Werkzeuge, Geräte und Werkstätten.

Når været tillater det, er det mulig å
bade flere steder i Molde, som her på
Hjertøya.

Weather permitting, there are many
places in Molde suitable for sun
bathing and swimming, such as here
on Hjertøya.

Schönes Wetter? Es gibt viele Bade-
möglichkeiten in Molde! Hier auf der
Hjertøya.

På Veøy, den hellige øya, lå første
bysamfunnet i Romsdal. Snorre
forteller om Veøy-kaupangen, et
handelssted for kystfolk og innlands-
bønder allerede i vikingtida. Her ble
St. Peterskirka reist på 1100-tallet.
Like utenfor øya falt kong Håkon
Herdebrei i et slag i 1162.

The first town in Romsdal was
located on the sacred island of Veøy.
In the sagas, Snorre speaks of Veøy
market town, a trading center for
coastal and inland farmers as early as
the Viking era. St. Peter's church was
built here during the 12th century.
King Håkon Herdebrei died in battle
just off the island in 1162.

Auf Veøy, der heiligen Insel, lag die
erste städtische Siedlung im Roms-
dal. Snorre, der große isländische
Saga-Verfasser, berichtet über „Veøy-
Kaupangen", einen Handelsplatz in
der Wikingerzeit für die Küsten-
bevölkerung und die Bauern aus dem
Inland. Hier wurde die St. Peters-
kirche im 12. Jahrhundert errichtet.
Vor der Insel fiel König Håkon
Herdebrei 1162 im Kampf.

Kringstadbukta, like vest for Molde sentrum, er et yndet utfartssted for så vel solbadere som sjøbadere.

Kringstad cove, just west of the town center, is a popular destination for sun and sea worshippers.

Die Kringstadbukta, nicht weit von Molde in westlicher Richtung gelegen, ist ein beliebtes Ziel für Badefreudige – manche begnügen sich mit einem Sonnenbad!

Ikke så rent få turister ankommer Molde i egen båt. Noen ganger kan det derfor bli trangt om plassen.

Many tourists arrive in Molde by boat, and finding a place to dock can be quite a challenge.

Viele Touristen kommen im eigenen Boot nach Molde. Die Anlegeplätze werden manchmal knapp!

Midt i byen finnes det fortsatt små grønne lunger. En av dem er Godtfred Lies plass ved kinoen.

There are many green areas in the center of town. Godtfred Lies Plass, next to the movie theater, is one of them.

Mitten in der Stadt gibt es auch heute noch kleine Grünanlagen, zum Beispiel den Godtfred-Lies-Platz in der Nähe des Kinos.

Sol, sommer og trivelig selskap.
Da er benkene på Torget populære.

Sun, summer, and pleasant company.
The benches on the marketplace are
very popular during the summer.

Sonne, Sommer und die Gesellschaft
netter Leute: Die Bänke auf dem
Marktplatz sind gefragt!

Roseby er regionens største kjøpe-
senter med nærmere 50 butikker.
Godt over 1 million romsdalinger
og nordmøringer besøker denne
markedsplassen i løpet av et år for
å handle og hygge seg.

Roseby is the district's largest
shopping center, with 50 shops.
Well over a million people visit the
center every year for shopping and
entertainment.

Roseby ist mit seinen 50 Geschäften
das größte Einkaufszentrum der
Region. Mehr als eine Million
Menschen aus dem Romsdal und aus
Nordmøre besuchen das Zentrum
zum Einkauf oder nur zum
Vergnügen.

Den årlige jazzfestivalen i Molde trekker tusenvis av tilreisende til byen. Ikke minst kommer de for å få med seg utekonsertene på Romsdalsmuseet. Her har blant andre kjente artister som Ray Charles og Eric Clapton opptrådt.

Molde's annual jazz festival attracts thousands of tourists to the town. They also come to enjoy open air concerts at Romsdal Museum. Famous artists such as Ray Charles and Eric Clapton have performed here.

Das jährlich stattfindende Jazzfestival in Molde zieht tausende von Besuchern nach Molde. Nicht zuletzt die Freilichtkonzerte im Romsdalsmuseum sind beliebt. Hier haben unter anderem Ray Charles und Eric Clapton gespielt.

Under festivaluka i midten av juli
syder byen av musikk og mennesker
nesten hele døgnet.

The town is alive with music and
people around the clock during the
week-long festival.

Während des Jazzfestivals Mitte Juli
ist das Städtchen voller Musik und
Musikliebhaber!

Jan Garbarek i Molde Domkirke, en
av mange som har gjestet Molde
International Jazz Festival.

Jan Garbarek, in Molde Cathedral,
one of many artists who have played
at Molde International Jazz Festival.

Auch der international bekannte nor-
wegische Jazzmusiker Jan Garbarek
hat auf dem International-Jazz-
Festival in Molde gespielt: Hier ein
Konzert in der Domkirche der Stadt.

I april 1998 ble Molde Stadion
åpnet. Anlegget ligger vakkert til
ved innseilinga til Molde, og er
blitt en turistattraksjon.

Molde stadium was opened in 1998.
The complex lies right on the water
and has become a popular tourist
attraction.

Im April 1998 wurde das Molde-
Stadion eröffnet. Die Sportanlage
liegt an der Hafeneinfahrt von Molde
und ist inzwischen eine Attraktion
für Touristen.

Sommer som vinter drar romsdaling-
ene på Skaret for å nyte friluftslivet.
Her oppe, på grensa mellom Molde
og Fræna, ligger også Skaret
Turistsenter. Stedet har eget utendørs
badeanlegg.

Everyone goes to Skaret to enjoy na-
ture, both in summer and winter. Up
there, on the border between Molde
and Fræna, is Skaret Tourist Center,
which has its own outdoor swim-
ming pool.

Sommer und Winter zieht es die
Romsdaler auf den Berg Skaret. Hier,
auf der Grenze zwischen Molde und
Fræna, befindet sich auch das
Touristenzentrum Skaret, zu dem ein
Freiluft-Schwimmbad gehört.

Mulighetene for jakt og fiske er gode i Molde og nabokommunene. Både i elvene og i sjøen er det fisk å få. Her fra Oselva i østre del av Molde kommune.

Molde and its neighboring communities provide all kinds of opportunities for hunters and fishermen, who can try their luck both in rivers and in the sea. Here is a view from Oselva, in the eastern part of Molde municipality.

Jägern und Anglern bieten sich viele Möglichkeiten in Molde und Umgebung. Im Meer und in den Flüssen kann geangelt werden. Hier an dem Fluss Oselva im östlichen Teil der Gemeinde Molde.

I fjellene mellom Fræna og Eide lig- ger tre kalksteinsgrotter med under- jordiske bekker og fosser. Grottene har fått navnet Trollkirka, og kan nås etter en fottur fra riksvegen.

In the mountains between Fræna and Eide are three limestone grottoes with subterranean streams and waterfalls. These grottoes have been nicknamed "the Troll Church" and are accessible from the main road by foot.

In den Gebirgen zwischen Fræna und Eide sind drei Kalksteingrotten mit unterirdischen Bächen und Wasserfällen. Die Grotten tragen den Namen „Trollkirka" – die „Kirche der Trolle". Sie können zu Fuß von der Fernverkehrsstraße aus erreicht werden.

På 1500-tallet var Bud det største handelsstedet mellom Bergen og Trondheim, sentralt plassert ved riksveg 1 – sjøvegen. Det siste riksmøtet i Norge ble holdt her i 1533. Fortsatt er Bud et fargerikt fiskevær.

During the 16th century, Bud, right in the center of Route 1, the coastal road, was the largest trading center between Bergen and Trondheim. The last Norwegian council of the realm was held here in 1553. Bud is still a colorful fishing community.

Im 16. Jahrhundert war Bud der größte Handelsplatz zwischen Bergen und Trondheim, zentral gelegen an der damals wichtigsten Fernverkehrsstraße – dem Seeweg. 1533 fand hier die letzte norwegische Reichsversammlung statt. Noch heute ist Bud ein Fischerdorf voller Leben.

De tyske okkupasjonsstyrkene klorte seg fast på romsdalskysten under 2. verdenskrig, og etablerte Ergan kystfort i Bud. I dag er fortet gjort om til museum.

During World War II, the German occupational forces strengthened their grip on the Romsdal coastline by building the Ergan coastal fortress at Bud. Today, this fortress is a museum.

Die deutsche Besatzung setzte sich während des 2. Weltkrieges an der Küste des Romdals fest und baute das „Ergan Kystfort" in Bud. Heute ist das Fort an der Küste ein Museum.

Med Hustadvika som nærmeste nabo snor Atlanterhavsvegen med åtte bruer seg over fra Eide til Averøy. En uforglemmelig biltur i all slags vær. I området er det gode muligheter til både fisking og dykking.

With Hustadvika as its nearest neighbor, the Atlantic coastal road snakes its way across eight bridges from Eide to Averøy. It is an unforgettable journey no matter what the weather. The area has excellent fishing and diving possibilities.

Gleich in der Nähe der Hustadvika schlängelt sich die Straße, die wegen ihrer Lage am Meer „Atlanterhavsvegen" genannt wird, über acht Brücken von Eide nach Averøy. Eine Autofahrt auf der Atlantikstraße ist bei jedem Wetter ein besonderes Erlebnis! In diesem Landstrich gibt es auch ausgezeichnete Angel- und Tauchmöglichkeiten.

Ved Hustadvika ligger Hustadvika
Gjestegård. Et gammelt fiskevær er
blitt til et populært turist-, kurs- og
konferansested. Med den restaurerte
hvalfangerskøyta «Ulven» er det
muligheter for unike fiskeopplevelser
på storhavet.

Hustadvika Gjestegård is located at
Hustadvika, an old fishing village
that is now a popular tourist, course
and conference center. The restored
whaling ship, "Ulven", offers the
possibility of unique ocean-fishing
experiences.

Bei Hustadvika liegt das Gasthaus
„Hustadvika Gjestegård". Ein altes
Fischerdorf ist zum beliebten
Tourist –, Kurs- und Konferenz-
zentrum geworden. Das alte
Walfangschiff „Ulven" bietet
Sportfischern eine unvergessliche
Angeltour auf dem Atlantischen
Ozean.

Langs romsdalskysten finnes flere perler. En av dem er fiskeværet Ona, som fortsatt er bebodd. Fyret på øya er et landemerke.

There are many pearls along the Romsdal coast. One of them is the old fishing village of Ona, which is still inhabited. The lighthouse is a local landmark.

An der Romsdalsküste gibt es viele schöne Orte, zum Beispiel das heute noch bewohnte Fischerdorf Ona. Der Leuchtturm auf der Insel ist eine Landmarke.

Rundt 1900 bodde det over 500 mennesker i fiskeværet Bjørnsund. I dag er øysamfunnet avfolket. Men husene holdes i god stand og benyttes som fritidsboliger.

500 people lived in the fishing village of Bjørnsund at the turn of the last century. Nobody lives there year-round anymore, but the houses have been converted into vacation homes and are therefore well-maintained.

Um 1900 waren mehr als 500 Menschen im Fischerdorf Bjørnsund ansässig. Heute ist das Dorf unbewohnt. Die alten Häuser sind jedoch gut erhalten und dienen als Sommerhäuser.

Mardalsfossen i Eikesdal, med en fallhøyde på 655 meter, er et mektig skue når vannmassene får fritt spillerom noen uker hver sommer. Vassdraget ble nemlig regulert på 70-tallet.

The Mardal waterfall in Eikesdal, with its 655 meter drop, is an impressive sight when the water is allowed to fall freely for a few weeks every summer. The water system was regulated in the 1970s.

Der Wasserfall Mardalsfossen im Eikesdal, mit einer Fallhöhe von 655 Metern, ist außerordentlich beeindruckend – allerdings kann er seine Kräfte nur einige Wochen im Sommer zeigen. Seit den 70-er Jahren wird die Wasserkraft in der übrigen Zeit des Jahres zur Stromgewinnung genutzt.

I 1965 klarte de første fjellklatrere å beseire Trollveggen i Romsdalen. Den nesten 1000 meter stupbratte fjellveggen trekker til seg fjellklatrere og basehoppere fra hele verden. Basehopping i Trollveggen ble forbudt i 1986.

The first mountain climbers conquered Trollveggen in Romsdal in 1965. The almost 1000-meter-high vertical mountain wall attracts mountain climbers and sky-divers from all over the world. Sky-diving off Trollveggen has been illegal since 1986.

1965 gelang es Bergsteigern zum ersten Mal, die Steilwand Trollveggen im Romsdal zu besteigen. Die fast 1000 Meter hohe, steil abfallende Bergwand zieht Bergsteiger aus aller Welt an. Auch Fallschirmspringer kommen hierher, seit 1986 ist das Springen von der Trollwand jedoch verboten.

Trolltindene – fjellrekken mellom Romsdalen og Isterdalen – er et yndet turmål for erfarne fjellfolk uten høydeskrekk. Høyest av alle er Store Trolltind, som rager 1797 meter over havet.

Trolltindene, the mountains between the Romsdal and Isterdal valleys, are a popular hiking destination for experienced mountaineers who aren't afraid of heights. The highest of these peaks is Store (Big) Trolltind, which rises 1797 meters above sea level.

Die Trolltindene, die Bergkette zwischen dem Romsdal und dem Isterdal, sind ein beliebtes Ausflugsziel für erfahrene Bergwanderer ohne Höhenangst. Die höchste Bergspitze – Store Trolltind – ist 1797 Meter hoch.

Å bygge veger i Norge er ikke alltid like enkelt. Trollstigen er et eksempel på norsk ingeniørkunst på sitt beste. Vegen klynger seg til fjellsiden og byr trafikantene på en luftig opplevelse i vill natur.

Trollstigen er stengt om vinteren på grunn av snø. Også sommerstid kan det være flere meter høyre snø-kanter på begge sider av vegen.

Building roads in Norway isn't always easy. Trollstigen is an exam-ple of Norwegian engineering at its best. The road clings to the mountain wall and offers those using it a lofty experience of nature at its most rugged.

Trollstigen is closed during the winter because of snow. Even in the summer, snow banks several meters high can line both sides of the road.

Der Straßenbau bietet manche Herausforderung in Norwegen. Die Bergstraße „Trollstigen" ist ein Beispiel für die Straßenbaukunst der norwegischen Ingenieure. Die Straße schlängelt sich an der steilen Felswand empor und bietet dem Autofahrer eine beeindruckende Autofahrt in wilder Natur.

Die Trollstigen ist im Winter wegen der großen Schneemengen gesperrt. Auch im Sommer können an den Straßenseiten mehrere Meter hohe Schneewälle sein.

© KOM Forlag a/s
Vågeveien 10, N-6509 Kristiansund
Tel: +47 71 67 83 00
e-mail: komf@online.no
www.kom-forlag.no
ISBN 8290823 63 0
Grafisk design: Lillyputt grafisk design
Engelsk oversettelse: Melody Favish
Tysk oversettelse: Lucie Fæste
Tekst: Terje Engås
Trykk: PDC Tangen, 2000

Foto: Øivind Leren
Andre fotografer:
Per Eide: forside, Molde by,
side 23,24,26,30,32.
Arne Strømme: side 14, 17 øverst,
18, 23,31, forsats bak.
Ulf Johannesen: side 9, 11, 22.
Lars Aarønæs: side 17 nederst,
side 27 nederst.
Svein Roger Ivarsen: side 4, 5.